AF509098

LE PASSÉ, LE PRÉSENT ET L'AVENIR,

OU

LOUIS XVI ET LEPELLETIER

DEVANT DIEU.

Pour servir à l'histoire de la révolte de France de 1789 à 1793.

IL est donc consommé, ce crime abominable, qui couvre en même temps, la France de deuil et d'opprobre ! En proie à ma tristesse, à d'inutiles regrets, je porte par-tout l'idée douloureuse d'une perte irréparable. Louis n'est plus ! ô forfait ! ô noirceur ! la vertu a succombé sous les coups de la scélératesse. O ma patrie ! et l'on étouffe tes plaintes et tes gémissemens ! Les barbares te défendent de donner des larmes à ses malheurs ; on te refuse le triste plaisir d'en arroser sa tombe. (1) Louis n'est plus ! cette pensée lugubre me poursuit jusqu'au sein de l'amitié. Je suis affaissé sous le poids de mon ennui pendant le jour ; la nuit le doux sommeil fuit loin de ma paupière. Religion sainte ! qui fus la consolation de Louis, et qui lui inspiras ce courage héroïque qui fit frémir ses assassins, nos cœurs flétris ne sont pas dignes d'éprouver la même faveur ; l'abattement est notre partage.

A

Fatigué, accablé, consterné, anéanti de ce qu'un sinistre avenir me présageoit de plus effrayant encóre, je tombai dans un assoupissement léthargique qui ne privoit pas mes sens de leurs facultés. Tout-à-coup je fus environné d'une lumière éclatante ; je vis l'Eternel dans toute sa majesté, Lepelletier étoit devant lui ; son air confus, ses yeux égarés, sa posture humiliée portoient l'empreinte de la réprobation ; il proféra ces paroles d'une voix entrecoupée.

Où suis-je...? qu'ai-je fait...? quelle clarté funeste me présente l'horrible tableau de mes forfaits ? Dieu vengeur que je me suis efforcé de méconnoître, en étouffant mes remords, où me cacher pour éviter ta présence ?

D I E U.

Mon œil attentif t'a suivi dans l'antre affreux où ton génie malfaisant, abusant des lumières que je t'avois accordées, s'occupoit à fabriquer des loix (2) en faveur du crime contre la vertu. La main qui a coupé la trame de ton odieuse vie, t'a privé du plaisir barbare de voir expirer Louis dont tu avois acheté le sang en corrompant une partie de tes infâmes complices ; mais tu vas être témoin de son triomphe ; ce sera ton premier supplice.

L E P E L L E T I E R.

O désespoir ! comment soutenir la vue d'un

Roi vertueux que j'ai sacrifié à ma cupidité et à l'indigne ambition de dominer un peuple que je méprisois.

LOUIS, (*La sérénité sur le front, le regard modeste, le maintien tranquille, parut et dit :*)

O toi qui me permis de t'appeller mon père, grand Dieu ! jette sur moi un œil de miséricorde ; prend pitié d'un peuple infortuné que ta bonté daigna confier à ma sollicitude, et que ma mort va plonger dans un abyme de malheurs.

D I E U.

Non, mon fils, ce peuple ingrat n'étoit pas digne de toi. L'oubli de mes bienfaits lui rendoit tes vertus à charge ; il les a calomniées pour me faire injure ; il falloit renverser ton trône pour abattre mes autels. La gloire dont je l'avois couvert, les richesses dont je l'avois comblé ; la fertilité de son sol, toujours égale à son immense population ; l'industrie dont il étoit doué, et qui rendoit les nations ses tributaires ; son commerce étendu sur les quatre parties du monde, des flottes innombrables couvrant les mers, ses armées par-tout victorieuses, sa réputation portée aux extrémités de la terre, tous ces avantages l'ont aveuglé ; il s'est cru l'artisan de sa grandeur ; il a blasphémé ma toute-puissance ; de-là la dépravation de ses mœurs. Le libertinage le plus révoltant a érigé le crime en vertu ; l'impiété a levé sa tête auda-

A 2

cieuse ; mes temples ont été profanés ; des fêtes et des cérémonies payennes ont succédé à mon culte ; tout ce qui portoit un caractère d'honnêteté, de probité, de religion, a été proscrit ; ce peuple s'est livré à tous les excès des passions les plus honteuses, et à l'abandon de tous les principes. Le divorce a provoqué et légitimé l'adultère ; les asyles sacrés ont été violés ; l'abomination de la désolation a été portée dans le lieu saint par de nouveaux Mathans ; mes ministres ont succombé sous le fer des assassins ; enfin ton sang, dont il s'est couvert, est monté jusques à moi : l'indignation que ce crime va inspirer aux nations, forgera l'instrument de mes vengeances ; je frapperai cette terre impure de toutes les plaies de l'Egypte.

Vois, mon fils, ces campagnes dévastées, ces mères éplorées, ces femmes désolées, demandant leurs fils, leurs époux aux tygres qui les immolent à leur ambition, à leur fureur, à la soif du sang qui les dévore. Vois ces enfans palpitans sur le sein desséché de leurs mères mourantes ; vois-les, dans un âge moins tendre, solliciter à grands cris un pain que la main de leurs pères ne leur fournit plus ; vois ce peuple languissant, exténué de misère, les ateliers déserts ; l'industrie sans moyens, sans secours ; l'agriculture sans bras, sans bestiaux ; le com-

(5)

merce abandonné, anéanti; les villes dépeuplées, livrées à l'oisiveté. La capitale des nations, cette cité superbe, qui rivalisoit l'orgueilleuse Babylone, maintenant dépouillée de ses plus précieux ornemens, abandonnée de tous ceux qui soutenoient l'éclat de son faste, est devenue un repaire de brigands; la France entière n'est plus qu'un vaste tombeau.

Déjà l'esprit de vertige plane sur ce royaume si long-tems l'objet de mes conplaisances; les factions s'entrechoquent, s'entredéchirent; les chefs de ces brigands, fléau destructeur que je ne lâche sur les empires que dans ma colère, répandent par-tout la terreur et l'effroi; ces associations furibondes formées de l'assemblage de ce que les crimes et les forfaits ont produit de plus monstrueux, réduisent, au nom de la liberté, ce peuple, avili par ses vices, dans le plus dur esclavage. C'est au nom de la liberté que son opinion est enchaînée, que ses actions les plus simples sont des attentats; si l'excès de ses maux lui arrache un soupir, c'est un ennemi de la patrie; s'il lui échappe quelques accens plaintifs, c'est une conjuration; si dans sa correspondance intime il se rappelle au souvenir de quelques parens éloignés, c'est une conspiration; s'il rencontre un indigent à qui il tende quelque secours, c'est une séduction; si plus loin il prend

A 3

la main d'un ami, c'est un signal de ralliement ;
s'il survient un tiers, c'est un complot général ;
trop heureux si son silence n'est pas interprété
d'une manière encore plus funeste pour lui.

L O U I S.

Par quel prodige, ô mon Dieu ! a pu s'opérer
si subitement un changement aussi effroyable ?
Pardonne, seigneur, à un peuple égaré par ses
plus cruels ennemis ; hélas ! ils furent les miens ;
et j'ai imploré pour eux ta clémence avant de tom-
ber sous leurs coups.

D I E U.

Ta captivité, mon fils, t'a dérobé le spectacle
terrible de la situation affreuse de la France ;
ma bonté a voulu l'épargner à ta sensibilité. (*A
Pelletier*) Que l'affreuse vérité se manifeste par
toi-même ; raconte à Louis dans quel tissu d'horreurs et d'abominations toi et tes complices vous
l'aviez enveloppé pour consommer le plus exécrable parricide.

L E P E L L E T I E R.

L'avarice fit tous mes crimes. Né avec une
ortune immense, je craignis de la perdre par la
révolution dont j'entrevoyois les suites, et dont
Mirabeau me dévoila tout le secret dès l'ouver-

ture des Etats-généraux. La révolte éclata bientôt et nous établit en assemblée constituante ; je m'attachai à Lafayette dont je devins le confident. Aristocrate ou égoïste par principes, royaliste par goût, mais sans vertu, j'adoptai par intérêt le systême alors dominant des deux chambres, et j'étois feuillant. La chute de Lafayette m'attacha au char d'Orléans avec la promesse, que je partageois avec beaucoup d'autres de mes collègues, d'être son chancellier s'il devenoit roi ; mais je ne vis bientôt en lui que le desir d'envahir le trône sans en avoir les talens ni le courage, et les misérables qui lui servent de marche-pied, me paroissoient écrasés par le mépris public ; cependant je m'étois fait jacobin. Toujours chancelant, m'égarant de crimes en crimes, je me faisois horreur à moi-même, lorsque le Républicanisme jusques-là rampant, leva la tête ; je me jettai dans ce parti que je crus le plus sûr. Dès-lors la perte de Louis fut jurée. La journée du 10 août fut préparée avec l'attention d'en rejetter tout l'odieux sur lui ; le mensonge et la calomnie étoient à nos ordres.

Ce qui me surprit, je l'avoue, ce fut l'acharnement avec lequel tous les partis se portèrent, comme de concert, aux mesures combinées ; pour écarter tous les moyens de défense du roi, le livrer à l'assemblée, attaquer son palais, le renfermer au Temple, massacrer tous les prisonniers suspects de lui être attachés, et convoquer la convention, où je trouvai le moyen de me faire appeler.

Je fus dupe des apparences pendant les trois premiers mois de ses séances ; le parti d'Orléans me parut abattu, et le triomphe du républicanisme assuré. Nous crûmes pouvoir écarter les moyens dilatoires que nous avions employés jusques-là pour le jugement de Louis. Nos forces étoient prêtes ; les parisiens, dont nous avions désorganisé la garde, après avoir détruit celle du roi, n'étoient plus à craindre. Roland, sous le prétéxte d'assurer la liberté des suffrages de la convention, avoit fait venir des troupes départementales ; Pache de son côté servoit le parti d'Orléans en appellant tout ce que les sociétés populaires avoient pu rassembler de scélérats déterminés, qui mieux payés (3) et plus adroits eurent bientôt attiré à eux ceux sur lesquels nous comptions le plus.

Dans cet état, sur lequel nous nous étions aveuglés nous-mêmes, nous précipitâmes notre marche, nous amusâmes les parisiens par des contradictions apparentes qui leur laissoient de l'espoir ; nous étouffâmes les cris et les réclamations des provinces, nous méprisâmes tous les avis que nous reçûmes ; nous mîmes en avant

l'appel au peuple à qui nous nous serions bien
donné de garde de laisser examiner, en le ras-
semblant, la légitimité de nos pouvoirs et même
de notre organisation ; nous fîmes entrevoir un
sursis que nous étions bien résolus de ne point
accorder. Enfin nous étions à la veille de la
catastrophe ; j'avois voté la mort, j'avois rejetté
l'appel, j'avois refusé le sursis et je n'étois pas
tranquille ; un funeste pressentiment et des indices
presque certains que je courrois des risques que
je n'attribuois cependant qu'à la crainte d'un
soulèvement en faveur du roi, me poursuivoient
partout, lorsque je reçus la récompense de mes
forfaits par une main que je crois avoir été di-
rigée par les jacobins, pour faire un contre-
poids à l'assassinat de Louis, et me punir en
même tems, de ma défection du parti d'Orléans
qui l'emporte aujourd'hui, que nous l'avons servi
sans nous en douter.

L o u i s.

Que t'avois-je fait, malheureux ! ou plutôt
quels sacrifices n'avois-je pas fait et n'étois-je
pas encore disposé à faire, pour le bonheur de
mon peuple que j'aimois, qui m'étoit attaché,
et dont vous m'avez fait perdre l'affection ?

L e p e l l e t i e r.

Voilà précisement ce qui t'a perdu. Des scélérats ne veulent avoir à leur tête qu'un plus scélérat qu'eux ; ta vie étoit un reproche continuel de la nôtre ; ton existence dans la tour du Temple nous causoit de mortelles alarmes ; nous avions mesuré le peuple, et calculé ses dispositions ; son retour vers toi étoit certain, et notre punition assurée ; ta mort seule pouvoit éloigner le danger qui menaçoit nos têtes. L'illusion en effet ne pouvoit durer long-tems, le prestige alloit s'évanouir, nos moyens étoient usés.

Le poison que distilloient les journalistes à nos gages n'infectoit plus que la partie la plus abrutie d'une vile populace ; les mensonges, les calomnies, les absurdités, les forfanteries, les victoires, les conquêtes, les offres des nations, nos grandes ressources étalées avec autant d'emphase que d'effronterie, les adresses d'adhésion, de félicitation, de zèle, de dévouement, toutes pièces fabriquées dans nos comités et aux jacobins, excitoient plus encore le mépris que l'indignation des citoyens et la risée de ceux qui les colportoient.

L'épuisement total des finances, la nécessité de demander l'aumône pour l'habillement des soldats au moment d'entrer en campagne, la dissolution de l'armée, l'anéantissement de la marine, la pénurie des matières premières, l'in.

surrection des colonies, le prix exhorbitant de toutes les denrées et particulièrement des subsistances, occasionné moins encore par la disette que par le discrédit d'assignats hypothéqués sur le vol, le pillage, la concussion, la violence, et repoussés partout, nous offroient la perspective la plus effrayante dans la banqueroute générale qui entraînera celle de tous les particuliers.

La fermentation dans les provinces, excitée par l'énorme dilapidation qui quadruple la dépense dont on se plaignoit sous l'ancien régime; les réclamations contre des décrets provisoires exécutés arbitrairement sans la sanction de ceux que nous avons proclamés souverains ; le soulèvement contre le projet d'une république, après avoir juré *la constitution ou la mort* ; les plaintes les plus véhémentes contre nos exactions et notre despotisme, les sept huitièmes de la France dissimulant leur façon de penser, attendant avec la plus vive impatience le moment d'éclater et d'aller au-devant des secours qu'ils implorent, augmentoient chaque jour nos inquiétudes.

Les puissances que nous avons outragées par nos discours et par nos écrits, dont nous avons envahi ou menacé les possessions, chez qui, par des émissaires salariés, nous avons porté le flambeau de nos discordes, les haches de notre désorganisation, et les fureurs de notre révolte, ayant

à venger et leurs injures et les tiennes, se dis-
posoient à nous envelopper de toutes parts.

Les peuples chez qui, sous le prétexte de leur
porter la liberté, nous avions exercé le brigan-
dage le plus affreux, fatigués, excédés de nos
déprédations et de nos cruautés, égorgeoient leurs
prétendus libérateurs et devenoient nos plus
dangereux ennemis.

La terreur se répandoit sur nos frontières, la
misère désoloit l'intérieur ; ceux de nos volontaires qui avoient échappé au carnage ou aux
maladies, que le dénuement absolu de tout
secours rendoit mortelles, rentroient nuds,
hideux, décharnés, la rage dans le cœur, le
germe pestilentiel dans le sang, (4) et portoient
le découragement partout où ils passoient ou
s'arrêtoient. Nous n'ignorions pas que de plus de
six cens mille hommes, que l'enthousiasme avoit
fait voler aux frontières, il n'en restoit pas cent
cinquante mille effectifs, quoique nous ayons
chargé Dubois de Crancé d'en annoncer deux
cens mille dans le rapport par lequel il doit demander la levée de trois cens mille autres pour
completter nos huit armées. Nous savions que
cette levée seroit impraticable, tant par le refus
formel de marcher qu'avoit juré la jeunesse de
presque tous les départemens, que par les repré-
sentations de la presque totalité des municipalités,

» L'intempérie de l'automne , disent-elles , et le défaut de bras , nous ont privé d'une partie de nos récoltes et forcé de laisser un tiers de notre territoire sans culture ; que deviendrons-nous , si nous ne pouvons réparer nos pertes dans le printems ? Envain nos armes victorieuses auront repoussé nos ennemis des frontières ou fait des progrès chez eux , si au milieu de nos succès la famine dévorante moissonne nos femmes , nos enfans , et nous - mêmes , et ce malheur est iné-vitable , puisque vous nous avez fermé tous les greniers de l'Europe. «

Dans cette extrémité , ne pouvant nous dissi-muler que tous les désastres de la France étoient notre ouvrage ; qu'ayant irrité le ciel et la terre, nous n'avions ni secours ni pardon à attendre , nous résolûmes de braver l'univers , de nous en-sevelir sous les ruines de la monarchie et d'en-traîner avec nous dans le précipice et les honnêtes gens que nous n'avions pu pervertir et le peuple que nous avions séduit et corrompu ; pour cela ta mort , Louis , étoit nécessaire. T'assassinant ou t'empoisonnant en secret , nous étions seuls coupables ; portant ta tête sur un échafaud , aux yeux de tout Paris , sous l'escorte de sa garde nationale et de celle de tous les départemens , nous voulions rendre la nation entière complice de notre attentat , et forcer les bons et les méchans à se livrer avec nous à toutes les fureurs du désespoir.

LOUIS.

O comble d'horreurs ! quelle perversité ! pourquoi, dans cette détresse ne pas recourir à moi ? La crainte de voir verser le sang m'avoit remis en votre puissance ; vous ne connoissiez que trop, ingrats, les dispositions de mon cœur à pardonner ; l'amour de mon peuple l'eût emporté et je vous aurois sauvés, pour lui rendre la paix et le bonheur.

LEPELLETIER.

Ce n'est pas que nous n'eussions agité et résolu, dans nos conseils secrets, toutes les mesures d'iniquité que la rage pouvoit nous suggérer. Notre haîne contre les gens de bien n'étoit que plus enflammée ; loin de vouloir partager le sort que nous leur préparions, nous avions combiné les moyens de les rendre, s'il étoit possible, les seules victîmes de nos atrocités. Notre première précaution fut de choisir un comité de surveillance que l'enfer entier n'auroit pu remplacer. Nous le chargeâmes de remplir une seconde fois les prisons de ceux qui pourroient désabuser le peuple et l'instruire de nos criminels desseins, et de tous ceux qui auroient témoigné quelque attachement au roi ; de mettre à prix la tête des émigrés et des ecclésiastiques déportés qui, manquant de tout, même des besoins de la vie, par le défaut de paiement de leur traitement, seroient rentrés dans le sein de leurs familles ; de supposer une correspondance avec les princes, (5) de fabriquer, de faire répandre et de leur attribuer les lettres les plus menaçantes et les plus propres à tromper et à irriter l'esprit du public ; de faire porter ou d'adresser des papiers suspects et de faux assignats chez ceux (6) qu'il conviendroit d'immoler et de dépouiller ; de faire rendre et ensuite rapporter un décret contre les assassins du 2 septembre , dans la crainte qu'il ne se trouvât plus de brigands qui osassent commettre de nouveaux massacres, lorsque nous jugerions à propos de les ordonner, si nous ne les déclarions pas utiles et même méritoires ; d'accorder une amnistie aux bandits qui se sont portés aux plus grands excès , dans le tems que la propagande excita par des commissaires munis d'instructions un soulèvement dans les provinces, à l'occasion des subsistances , pour accuser le roi d'en être l'instigateur ; de mettre en liberté les forçats pour multiplier les crimes ; d'induire en erreur les départemens et de les animer les uns contre les autres en leur inspirant , par de fausses adresses , des terreurs qui les déterminassent à envoyer une nouvelle horde d'antropohages à nos ordres, sous l'espoir du pillage chez tous ceux à qui il reste quelque fortune ; d'exciter de nouvelles insurrections dans Paris , en faisant provoquer le peuple, par le conseil de la commune lui-même, à se porter chez les marchands, à devaster leurs boutiques et leurs magasins, sous le prétexte d'accaparemens , moyen certain de rendre la disette absolue ; d'accuser de tous ces excès les honnêtes gens qui en souffriront les premiers, et de faire annoncer à la tribune de la convention que *ce sont les dernieres convulsions de l'aristocratie expirante* ; enfin si l'efficacité de ces horribles moyens ne répondoit pas à notre attente , si nous nous trouvions forcés de céder aux efforts réunis des puissances, de faire du royaume un désert et de ne leur rendre Paris qu'en cendres.

L o u i s.

Quel raffinement de scélératesse ! Malheureuse France en quelles mains tu es tombée ! Souffriras-tu, Seigneur , que ton plus bel ouvrage soit détruit par des barbares pour qui rien n'est sacré? Ce peuple qui t'offense, dans son délire, n'a pas le cœur endurci, il est prêt à retourner à toi. Encore attaché à l'ombre de ta religion, (7) il rejette le culte impie que des novateurs insensés cherchent envain à établir sur le tien. Les cruels,

hélas

hélas ! ont abusé de sa crédulité ; opprimé par la violence , abattu par la terreur , continuellement sous le glaive des assassins , sa sensibilité est restée muette ; il est tombé dans la stupeur. Ses longs malheurs, ses larmes sincères, son repentir amer , les souffrances et les prières des victimes de ton amour, de leur honneur et de leur fidélité ; les douleurs de la généreuse Marie-Antoinette, qui t'a fait le sacrifice de ses outrages et de la calomnie qui la poursuit avec acharnement ; la piété solide et la courageuse résignation de la vertueuse Elisabeth , la situation cruelle de ma fille infortunée digne hélas ! d'un meilleur sort; la captivité de mon fils, cet enfant intéressant, qui lève vers toi ses innocentes mains, le calice d'amertume, dont j'ai été abreuvé ; mon sang (8) que j'osai t'offrir pour ce peuple à qui j'avois consacré mes plus tendres soins, sauront te fléchir et te désarmer ; mais si ton juste courroux ne peut s'appaiser, si tu ne détournes pas la vue de dessus ses iniquités, c'en est fait , la France ne sera plus qu'un monceau de ruines sur lequel tes ennemis triomphans insulteront à ta puissance.

D i e u.

Celui qui soulève et abat les flots de l'Océan, qui soutient l'harmonie de l'Univers, qui d'un coup d'œil parcourt l'espace et mesure les tems, qui fit de rien le ciel et la terre, saura bien, quand sa vengeance sera satisfaite, mettre un terme aux complots des méchans, faire rentrer les peuples dans l'ordre préétabli, confondre les intérêts divers qui ont rompu l'équilibre des pouvoirs, et rendre à la France son ancienne splendeur. Les décrets immuables de ma providence sont impénétrables à l'œil des mortels; le sort des empires est dans mes mains; devant moi seul les hommes sont égaux ; leurs vertus, leurs crimes, font la mesure de ma justice. (*A Pelletier*) Retire toi va, chargé de ma malédiction, expier dans un éternel désespoir les forfaits qu'enfanta ton insatiable avarice. (*A Louis*) Et toi, mon fils, qui fus sur le trône l'image vivante de ma bienfaisance, qui honoras ma religion dont tu fus la victîme , va, dans le sein de celui des rois, tes ayeux que ta piété prit pour modèle, recevoir la palme du martyre ; je vais soulever pour toi le voile épais qui couvre le sombre avenir.

A peine ton sang a coulé sur la terre, que le globe a reçu une commotion universelle ; un cri général s'est élevé, de toutes les parties de la France, contre l'attentat le plus horrible et le plus inutile pour ses auteurs. Les nations ont frémi de colère ; les puissances, abandonnant leurs querelles particulières, ont juré de venger ta mort; un étendard trempé dans ton sang, arboré sur une forteresse étrangère , appellera le reste de l'univers contre des rebelles dont la conduite fait horreur. Assaillis des clameurs d'un peuple qu'ils ont conduit à sa perte , à qui ils ont promis l'abondance quand tu n'existerois plus, qui leur demandera le pain dont ils manqueront eux-mêmes , et qui cherchera à secouer le joug insupportable de leur tyrannie , les factieux se diviseront entre eux , se dénonceront réciproquement , et se reprocheront , avec le plus grand scandale , leurs rapines et leurs assassinats. Les sections s'éléveront contre eux , les insulteront et les menaceront jusques dans leurs séances ; les tribunes leur dicteront des décrets absurdes qui se détruiront les uns les autres ; ils présenteront aux provinces stupéfaites , une constitution anarchique. Cette production monstrueuse , impolitique dans ses principes , fausse dans ses conséquences , impossible dans l'exécution , fera leur procès , et mettra au grand jour leur turpitude , leur impéritie , leur ignorance et leur méchanceté. Leurs armées , dénuées de tout , se débanderont et ne pourront se recruter , même par la contrainte ; leurs flottes dépourvues pouriront bloquées dans leurs ports ou seront la proie des étrangers : pressés de toutes parts , environnés d'ennemis puissans et vainqueurs , abandonnés de ceux-mêmes qui ont servi leur fureur , sans ressources, sans crédit, sans amis, n'ayant devant les yeux que ta tête sanglante, ils chercheront, mais trop tard, leur salut dans la fuite ; car où trouveront-ils un asyle sur la terre qu'ils ont remplie de leurs forfaits ? Les nations attentives ont établi une barrière contre ces monstres destructeurs ; leurs commettans indignés, les attendent pour leur demander compte de leurs excès ; ils ne seroient pas en sûreté dans les cavernes les plus profondes ; j'imprimerai sur leur front un signe de réprobation qui les fera reconnoître par-tout, afin que les supplices les plus terribles effrayent à jamais les scélérats qui seroient tentés de les imiter.

Alors un nouvel ordre de choses naîtra de ce cahos. Je dissiperai ces vapeurs incendiaires qui avoient enflammé le cerveau combustible de ces prétendus philosophes, assez insensés pour tenter de réduire à l'état de république la France parvenue à ce point de grandeur, où, si elle eut existé en république depuis Pharamond, je l'eusse érigée moi-même en monarchie. J'affermirai le sceptre dans ta maison pendant la durée des siècles. La religion cimentée de ton sang, reprendra son empire dans le cœur de tes sujets, que la pureté de tes mœurs et de ta foi aura ramenés au sein de mon église. Ton testament, remplaçant ces inscriptions profânes, fruit de l'extravagance et de l'impiété, que des mains sacrilèges ont placées auprès de mes autels , ornera mes temples et les maisons des fidèles (9). L'anarchie et ses désordres cesseront de tourmenter les français à qui j'aurai pardonné en ta faveur. Les loix seront rétablies et observées, les haînes cesseront , les arts reprendront leur éclat , le commerce son activité ; l'abondance renaîtra d'une paix durable que la reconnoissance et l'amitié entretiendront avec les puissances qui , en relevant le trône , auront ramené la tranquillité et le bonheur dans le royaume.

Ainsi parla l'Eternel ; Louis , la tête ceinte d'une auréole , s'éleva dans les cieux , et je m'éveillai en m'écriant : Saint Louis , roi de France et martyr , priez pour nous.

N O T E S.

(1). La peur ou l'insouciance avoit dispensé le prince de Conti de réclamer le corps du roi. Benoist - Louis le Duc , son oncle naturel, en qualité de fils de Louis XV , s'étoit présenté à la convention , & avoit offert de le faire inhumer dans la cathédrale de Sens , auprès de Louis , dauphin, son auguste père, prince dont le mérite ne fut connu de la France qu'au moment où elle alloit le perdre ; mais ces offres pieuses furent rejettées. La convention redoutoit jusqu'à l'ombre de Louis XVI, elle ne vouloit pas qu'il restât vestige de ses reliques ; un mouchoir trempé dans son sang, par une intention, mal interprêtée d'abord, à trompé sa haîne.

(2) Lepelletier Saint-Fargeau s'étoit chargé seul de la rédaction d'un code pénal, qui indiquoit les moyens d'être vicieux, & qui facilitoit ceux d'échapper au châtiment, sans doute par antipathie pour son père dont la sévérité étoit excessive. Le fils, comme magistrat, étoit censé connoître la jurisprudence ; son avis soutenu de manœuvres détestables entraîna plusieurs des non-lettrés dans l'opinion pour la mort. Le genre de civisme dont il étoit animé l'avoit déjà porté à dénoncer comme émigré l'un de ses frères, à qui il devoit 200,000 livres.

(3) Près de deux mille marseillois qui venoient de faire éprouver, par leurs menaces, à la convention, ce que valoient les hommes de la glacière, les héros du 10 août & du 2 septembre, après s'être livrés, à Paris, à tous les excès de la débauche la plus crapuleuse, et à la dépense la plus scandaleuse, ont emporté chacun plus de 600 livres, qu'on peut appeler *le prix du sang*.

(4) Un médecin de Paris, habile observateur, a rémarqué que la plupart de ces volontaires, même ceux qui avoient l'air de se bien porter, étoient subitement attaqués d'une maladie qui, dès son principe, ne laissoit aucun espoir de les sauver.

(5) Dans un de ces moments où la propagande médite quelque nouvelle horreur, ou quand il faut réveiller la fureur de la populace qui s'assoupit, on fait éclore quelque phénomène. Le procureur de la commune a lu à l'assemblée, et envoyé à tous les journaux, une lettre à son adresse, datée de Sarbourg, timbrée de Strasbourg, le cachet aux armes de France, signée GRÉUM. Cette pièce, bien bête, bien ridicule, *bien épouventable*, au sujet de la mort

du roi, fut débitée au peuple sous le nom de MONSIEUR ;
la propagande manqua son coup ; le peuple dit : MONSIEUR
a raison.

(6) Madame Bertrand de Molleville, femme du ministre
d'état ayant ci-devant le département de la marine, &
retiré en Angleterre, pour éviter le sort des Montmorin
& des de Lessart, reçoit une boîte qui contenoit pour 6000
livres d'assignats de cinq livres. — L'inquisiteur Chabot ar-
rive peu de tems après avec son escorte & demande : avez-
vous reçu une boîte ? — Oui. — Elle contient des assignats.
— Oui. — Ils sont faux ; il le savoit bien, il l'apprit à
la dame qui ne s'y connoissoit guères. Madame Bertrand re-
tirée chez son père, président au grand conseil ; riche, pieuse,
s'occupant plus des pauvres que des affaires d'État, avec
une foible complexion, attaquée d'une maladie de nerfs,
est traînée en prison. O comité de surveillance, voilà de
tes coups !

(7) L'octave de la Fête-Dieu et la messe de minuit ont
démontré aux réformateurs que le cathéchisme de la révolution n'avoit pas encore fait oublier celui de la religion.

(8) Ces dernières paroles du roi, furent étouffées par l'affreux signal que donna l'exécrable Santerre.

(9) Le testament de Louis XVI, orné de son portrait gravé,
vient d'être imprimé en grand papier, propre à être encadré.
VIVET IN ÆVUM. On le trouve chez Giroüard.

F I N.